URGENCE !

Si l'océan meurt nous mourrons

Ce livre est imprimé sur un papier 100 % recyclé.
En utilisant Cocoon offset plutôt qu'un papier non recyclé, l'impact environnemental de ce premier tirage est réduit de :

1 776 kg de matières envoyées en décharge

263 kg de CO_2

2 626 km parcourus en voiture européenne moyenne

48 773 litres d'eau

3 040 kWh d'énergie

2 886 kg de bois

Sources : Données Labelia Conseil pour l'empreinte carbone. Données European BREF pour le papier à fibres vierges.

FSC www.fsc.org
RECYCLÉ
Papier fait à partir de matériaux recyclés
FSC® C109440

Les chiffres de ce manifeste proviennent pour l'essentiel de la FAO (Organisation des Nations unies pour l'alimentation et l'agriculture).

Réalisation, pré-presse et fabrication : Glénat Production

Éditions Glénat
Couvent Sainte-Cécile – 37, rue Servan – 38000 Grenoble

Dépôt légal : janvier 2016
ISBN : 978-2-344-01357-1

Paul Watson

SEA SHEPHERD

URGENCE !
Si l'océan meurt nous mourrons

Glénat

SOMMAIRE

COP 21 : VERS UNE RÉVOLUTION FRANÇAISE POUR LE CLIMAT ?

J'écris ces lignes à la veille de la Cop 21 à Paris, rendez-vous historique présenté par beaucoup comme « la dernière chance pour sauver le climat ». Nous sommes aussi au lendemain des attentats tragiques qui ont traumatisé Paris, ce sanglant vendredi 13 novembre où plus de 120 personnes ont été tuées et plus de 300 ont été blessées.

Le dispositif d'état d'urgence est enclenché dans le pays et doit être prolongé pour trois mois, les frontières ont été fermées, plus de 1 500 militaires ont été déployés sur Paris, la tension est palpable dans l'air, l'émotion à son comble et le gouvernement parle de faire interdire tous les événements qui devaient avoir lieu en marge de la Cop 21, au grand dam des ONG et des militants écologistes.

Difficile d'imaginer un contexte plus tendu pour aborder une question de fond aussi complexe et aussi cruciale que celle du dérèglement climatique planétaire.

Face à la menace tangible et brutale de l'attaque terroriste qui a saigné Paris et qui cristallise toutes les angoisses, comment mobiliser suffisamment l'opinion et les médias sur une menace encore plus redoutable mais moins explosive – pour l'instant – qu'un kamikaze ?

Le caractère sournois du dérèglement climatique tient justement au fait que ses effets sont progressifs, diffus et, pour le moment, plus évidents ailleurs qu'ici...

Bien que le niveau de la mer monte, que les glaciers fondent, que les forêts partent en fumée, que la vie dans l'océan se réduise comme une peau de chagrin et que la machinerie planétaire se détraque, nous flânons encore sans trop d'encombres dans les rues de la ville lumière, aux terrasses des cafés... La vie suit son cours et on a le sentiment qu'il en sera toujours ainsi.

Une attaque terroriste comme celle que vient de vivre Paris est un électrochoc qui nous met d'emblée face à un danger imminent. Pas de « terroristo-sceptique », pas de déni, pas de faux-semblant. L'addition se paye *cash* et la réponse – adaptée ou non – ne tarde pas. Voici François Hollande qui déclare vouloir changer la Constitution pour « lutter plus efficacement contre le terrorisme ». Quels changements serons-nous prêts à opérer au terme de cette conférence sur le climat ? Mais surtout, doit-on attendre de nos dirigeants qu'ils amorcent le changement ? Le dérèglement climatique n'est pas un terroriste kamikaze, fanatique d'une idéologie quelconque avec lequel il est impossible de négocier. C'est une bombe à retardement écologique bien plus dangereuse que des milliers de terroristes bardés d'explosifs, mais qui a le mérite de nous laisser une chance. Il y a donc là une certaine forme de justice. Une sorte de juge planétaire qui nous met face à nos responsabilités et qui exige légitimement que nous changions nos modes vie et notre vision du monde... avant d'exploser. Point de pseudo-choc de civilisations, de bataille de culture, de religion ou de drapeau. Juste 7 milliards d'êtres humains qui doivent, ensemble, décider de changer, pour survivre.

Sept milliards d'êtres humains qui sont loin d'encaisser de la même manière, et c'est en partie là le problème. Certains ont les pieds dans l'eau et sentent déjà la poudre pendant que d'autres se réjouissent pour l'instant des rayons du soleil qui s'attardent en novembre sur leur terrasse... Alors comment, dans ces conditions, mobiliser tout le monde avant qu'il ne soit trop tard pour tous ?

Paris et la France sont à plus d'un titre investis d'un rôle et d'une mission dans l'enjeu planétaire du dérèglement climatique dont la pierre angulaire est l'océan.

La vie marine est un architecte essentiel à la machinerie océan qui régule le climat, capte le CO_2 et nous fournit, via le phytoplancton, près de 50 % de l'oxygène que l'on respire. Et pourtant, comble de l'ironie, l'océan ne fait même pas partie du programme de la conférence sur le climat. Le ton est donné.

En plus d'être le pays hôte de la Cop 21, la France est aussi le deuxième plus grand territoire maritime après les États-Unis (elle vient d'ailleurs d'ajouter 550 000 kilomètres carrés à sa ZEE). À l'instar des États-Unis, la France est aussi un pays dans lequel le capitaine Paul Watson peut circuler librement, sans être inquiété d'être arrêté et livré au Japon ou au Costa Rica (où il est recherché pour ses actions contre le braconnage de requins et baleines). Le lien de la France à la mer est fort et historique. Peut-être la France – et par là j'entends l'opinion publique française – amorcera-t-elle une prise de conscience collective qui remettra l'océan à sa juste place : l'océan régule le climat et nous fournit l'oxygène que nous respirons. Mais l'océan, c'est d'abord et avant tout la vie marine, sans laquelle il ne serait qu'une immense piscine d'eau salée.

On en revient donc à la vie marine, architecte de la vie sur Terre. Vie marine que, par ingratitude, ignorance et arrogance, nous avons principalement tendance à considérer comme ressource à exploiter. Et pourtant, les poissons ont un rôle bien plus essentiel en tant qu'ouvrier de la machinerie océan que dans l'assiette de n'importe qui.

Les baleines, pour qui nous avons plus d'empathie et d'admiration – pour des raisons purement anthropocentriques –, ne font pas qu'enchanter le monde dans une époque qui manque cruellement de magie et de poésie. Elles remplissent également une fonction essentielle et bien plus terre à terre : booster la production de phytoplancton. Ce phytoplancton qui nous permet de respirer.

Requins, dauphins, phoques, oiseaux marins, thons, concombres de mer, plancton... tous remplissent une fonction primordiale que nous sommes encore peu nombreux à apprécier à sa juste valeur. Nous ne leur devons rien de moins que la vie. S'il fallait ne retenir qu'une seule chose dans le message que nous voulons faire passer lors de cette conférence, c'est celle-là. Nous exterminons la vie marine, directement ou indirectement, volontairement ou par négligence, et nous enclenchons dès lors une bombe à retardement écologique qui, si elle explose, sera bien plus dévastatrice que tout ce que nous avons connu jusqu'ici.

Ce livre ne tourne pas autour du pot. Il a l'intérêt de présenter un bilan et une analyse lucides de la situation et de proposer des solutions, sans faux-semblants. Ça ne plaira donc sans doute pas à tout le monde, mais là n'a jamais été l'ambition de Paul. Pour faire des choses qui importent, il faut commencer par renoncer à faire l'unanimité.

Les solutions apportées ici sont exigeantes mais nous devons être exigeants avec nous-mêmes, nous devons opérer une révolution dans notre façon de percevoir le monde et de nous situer par rapport au reste du vivant. Nous devons changer de paradigme et nous devons le faire vite. En bref, nous devons réaliser un miracle.

Mais peut-être qu'il y a un espoir malgré tout, nous sommes en France. Peut être que ce rendez-vous de la dernière chance porte en lui les graines de la « révolution française – mondiale – pour le climat » ?

Comme le dit souvent Paul Watson, il faut que l'on parvienne à réaliser l'impossible. Et il paraît qu' « impossible n'est pas français ».

Lamya Essemlali
Cofondatrice et présidente Sea Shepherd France
Codirectrice de Sea Shepherd Global

CAPITAINE

PAUL WATSON

Profession : marin, défenseur de l'environnement et poète

Je ne m'inquiète pas de la manipulation
des médias, ni des mensonges
qu'ils colportent.
Que le futur pardonne mes péchés
écologiques,
car ce sont les seuls qui importent.

Paul Watson

UN APPEL
À PRENDRE LES CHOSES EN MAINS

En 1972,
j'ai assisté à la conférence des Nations unies sur l'environnement à Stockholm, en Suède.

En 1992,
j'ai assisté à la conférence des Nations unies sur l'environnement à Rio de Janeiro, au Brésil.

1972-2015 :
AUCUN PROGRÈS.

COP21/CMP11 PARIS 2015

Quarante-trois années se sont écoulées depuis Stockholm, et c'est au tour de Paris d'accueillir la conférence sur le changement climatique en 2015.

Chacune des conférences des Nations unies sur l'environnement, la population et le changement climatique a été un échec. Des discussions, des réunions et encore des discussions. Aucun passage à l'action.

La France a la formidable opportunité de montrer la voie à suivre en matière de changement climatique.

Pour la France,
Pour la planète,
Pour le futur.

L'HUMANITÉ NE PEUT PAS SE PERMETTRE UN NOUVEL ÉCHEC.

SOLUTIONS.
CHANGEMENT. SACRIFICES.

Nous voulons tous trouver des solutions, mais très peu de gens sont vraiment prêts à les mettre en œuvre.

Nous voulons tous que le monde change, mais très peu d'entre nous sont prêts à changer.

Les solutions nécessitent un changement et le changement nécessite des sacrifices.

Aimons-nous suffisamment nos enfants et nos petits-enfants pour faire des sacrifices et éviter ainsi la catastrophe ? Pour survivre ?

Ou sommes-nous trop attachés au confort que nous procurent la surexploitation, la pollution et le consumérisme ?

NOUS SOMMES TOUS IMPLIQUÉS.
NOUS SOMMES TOUS RESPONSABLES.

"Dans une avalanche, aucun flocon ne se sent jamais responsable."
Voltaire

LE CHANGEMENT CLIMATIQUE

Le climat de la Terre est régulé par le cycle mondial du carbone. C'est un système immense et complexe qui gère le CO_2 à l'échelle du globe.
Le problème vient du fait qu'il ne peut plus absorber l'excès de CO_2 que nous produisons.

Depuis le début de la révolution industrielle, les plantes et le phytoplancton absorbent environ 50 % de l'excès de CO_2 produit par l'homme.

La menace actuelle du changement climatique résulte directement des gaz à effet de serre émis par l'homme.

Aucun gouvernement ne veut assumer la responsabilité du changement climatique, mais tous les gouvernements tirent profit de ses causes.

Tous les gouvernements du monde contribuent aujourd'hui au problème du changement climatique, certains plus que d'autres, mais les conséquences ont des retombées sur l'ensemble de l'espèce humaine. Pas un seul gouvernement ne cherche des solutions pratiques.

POURQUOI ?

PARCE QUE LES ENTREPRISES ET LA MAJORITÉ DES GENS NE VEULENT PAS ENTENDRE PARLER DE SOLUTIONS IMPOPULAIRES.

L'EAU

Notre climat est régulé par quatre systèmes de maintien de la vie :

→ **l'hydrosphère** (l'eau) ;

→ **la cryosphère** (la glace) ;

→ **l'atmosphère** (l'air) ;

→ **la biosphère** (les espèces vivantes).

L'eau est le point commun à ces quatre systèmes.

L'eau circule parmi ces quatre sphères.
C'est le sang de notre planète.
Elle transporte les nutriments et élimine les déchets.
Elle est également le premier facteur de régulation du climat. Ainsi, tout ce qui a un effet négatif sur l'une des quatre sphères a un effet négatif sur le climat.

La hausse du niveau de la mer et les inondations.
L'avancée ou le retrait des glaciers.
La pollution de l'air et de l'eau.
Les extinctions d'espèces.
C'est la planète eau.
Toute vie est eau.

SANS EAU, PAS DE VIE

PAR OÙ COMMENCER ?

La première chose que nous devons faire est de comprendre les trois lois de base de l'écologie.
Toutes les espèces doivent adhérer à ces trois lois afin de survivre sur cette planète. Dans le cas contraire, c'est l'extinction.

DIVERSITÉ
INTERDÉPENDANCE
RESSOURCES LIMITÉES

LA LOI DE LA DIVERSITÉ

La force d'un écosystème
est déterminée par la diversité
des espèces au sein de cet écosystème.

Plus la diversité est importante,
plus l'écosystème est fort.

**AFFAIBLIR LA BIODIVERSITÉ,
C'EST AFFAIBLIR L'ÉCOSYSTÈME.**

Par conséquent, il est impératif
que toutes les espèces soient protégées
afin de maintenir un écosystème sain.

L'humanité doit reconnaître
et maintenir la diversité des espèces
au sein de chaque écosystème
si elle veut survivre.

LA LOI DE L'INTERDÉPENDANCE

AU SEIN D'UN ÉCOSYSTÈME, TOUTES LES ESPÈCES SONT INTERDÉPENDANTES.

Chaque espèce est connectée à toutes les autres espèces, certaines de façon plus étroite que d'autres, mais au final, elles sont toutes liées et constituent ce magnifique réseau qu'on appelle la biosphère.

Les baleines sont les jardiniers de la mer : elles fournissent des nutriments tels que le fer au phytoplancton qui, lui-même, apporte de la nourriture au zooplancton qui nourrit les poissons et les baleines.

L'eau et les nutriments circulent à travers les plantes, les animaux et les minéraux.

NOUS FAISONS TOUS PARTIE LES UNS DES AUTRES. AUCUNE ESPÈCE N'EST UNE ÎLE.

LA LOI DES RESSOURCES LIMITÉES

Il y a des limites à la croissance.
Il y a des limites à la capacité d'absorption de la planète.

L'humanité vole la capacité d'absorption de millions d'espèces.

Alors que les hommes se multiplient et que notre consommation augmente, la biodiversité, elle, s'appauvrit.

L'interdépendance s'appauvrit.

La capacité de la biosphère à nous supporter tous, humanité incluse, est dangereusement amoindrie.

QUAND LA BIOSPHÈRE S'APPAUVRIT, L'HUMANITÉ EST MENACÉE.

LA BIOSPHÈRE EST LE SYSTÈME DE MAINTIEN DE LA VIE SUR TERRE

C'est la biodiversité de toutes les espèces interdépendantes – de la bactérie et du phytoplancton à la baleine bleue et au séquoia – qui soutient et maintient toute vie, y compris la vie humaine, sur Terre.

La biosphère produit l'oxygène, emprisonne le CO_2, fournit de la nourriture, nettoie les déchets et régule la température et le climat.

Ce sont les millions d'espèces qui travaillent dur sur terre et dans les mers, véritables ingénieurs, qui fournissent ces services. Elles composent l'équipage du vaisseau Terre.

UN ÉQUIPAGE SAIN EST UNE PLANÈTE SAINE.

L'équipage a besoin de l'homme et l'homme a besoin de l'équipage.

NOUS SOMMES EN TRAIN DE TUER L'ÉQUIPAGE.

NOUS SOMMES DES PASSAGERS, NE SOMMES PAS L'ÉQUIPAGE

Les hommes sont avant tout des passagers sur le vaisseau Terre. Nous passons la majorité de notre temps à consommer et à voler les ressources aux autres espèces. Le reste du temps, nous nous divertissons.

NOUS PRENONS TOUT À LA BIOSPHÈRE ET NE RENDONS RIEN !

Les Indiens Kayapo d'Amazonie nous appellent **« le peuple termite »**, car nous engloutissons tout ce qui vit.

Nos vies dépendent d'espèces formant un équipage sain. Pourtant, nous exterminons de façon systématique de nombreuses espèces qui participent à nous maintenir en vie.

LES **ESPÈCES** CLÉS

Certaines espèces sont des clés de voûte. Ce sont elles qui maintiennent l'intégrité écologique d'un écosystème.

LA LOUTRE DE MER
Les loutres de mer ont été massacrées jusqu'à frôler l'extinction au XIXe siècle, ce qui a causé des dommages écologiques catastrophiques. La disparition des loutres a engendré un développement exponentiel des oursins qui ont épuisé les lits de varech de la Californie à l'Alaska. Les lits de varech se rétablissent lentement à présent, grâce à des mesures de préservation des loutres de mer.

L'actuelle diminution du nombre de saumons sauvages pousse les orques à chasser les loutres de mer, ce qui pourrait avoir des conséquences similaires.

"Quand nous essayons de distinguer une chose par elle-même, nous découvrons qu'elle est attachée à tout ce qui existe dans l'univers."
John Muir

LES GERMES ET LES VERS, LES ABEILLES ET LES ARBRES SONT PLUS IMPORTANTS QUE L'HUMANITÉ TOUT ENTIÈRE

C'est scandaleux ! Misanthropique ! C'est de la provocation ! Blasphématoire peut-être !

MAIS C'EST UNE VÉRITÉ ÉCOLOGIQUE.

Les germes, les vers, les abeilles
et les arbres peuvent vivre sans nous.

Nous ne pouvons vivre sans eux.

Nous avons besoin d'eux.
Ils n'ont pas besoin de nous.

C'est aussi simple que ça.

UN MONDE SANS ABEILLES !

Les abeilles sont des pollinisateurs indispensables.
Les abeilles pollinisent 70 % de nos cultures vivrières.

Un monde sans abeilles
ne peut nourrir 7,5 milliards d'hommes.

LES ABEILLES SE MEURENT

à cause de la destruction des prairies, du changement climatique, des parasites et des maladies.

Le monde des abeilles va très mal.

Ce qui veut dire que le monde des humains va très mal.

PAS D'ABEILLES = PAS DE CIVILISATION

UN MONDE SANS HERBE !

Imaginez un monde sans herbe.

La famille des *Poaceae* est la principale source d'alimentation de l'homme.
Les herbes représentent 24 % de la végétation de la planète, soit plus de 10 000 espèces.

Nous dépendons de 35 espèces seulement.
Le blé, l'avoine, le seigle, l'orge, le maïs, le millet, le riz, le sorgho et l'épeautre comptent parmi les cultures céréalières les plus répandues.

Les herbes sont des autopollinisateurs, mais si les espèces bénéfiques aux sols sont perturbées dans leur diversité, de graves problèmes fongiques ou parasitiques apparaissent.

LE MONDE DOIT SUPPRIMER LES HERBICIDES, LES FONGICIDES ET LES PESTICIDES.

SI LES OCÉANS MEURENT, NOUS MOURRONS TOUS !

L'HUMANITÉ NE PEUT SURVIVRE SUR CETTE PLANÈTE AVEC UN OCÉAN MORT

Imaginez

Imaginez un monde sans vers,
sans phytoplancton,
sans zooplancton,
sans abeilles mellifères,
sans bactéries,
sans baleines,
sans herbe,
sans arbres,
sans poissons.

Imaginez un monde sans hommes.

Car sans les autres,
l'homme ne peut exister.

NOUS AVONS BESOIN D'EUX.
ILS N'ONT PAS BESOIN DE NOUS.

RÉTABLIR.
CONSERVER. PROTÉGER.

Nous devons permettre à la biodiversité de se rétablir dans les océans.

Le genre humain a appauvri la biodiversité jusqu'à la limite de l'effondrement.

La biodiversité océanique a été réduite de 90 % par une espèce qui ne possède absolument aucune niche écologique au sein de l'écosystème marin.

NOUS PRENONS.
NOUS NE DONNONS RIEN EN RETOUR.

Les baleines, les poissons, les oiseaux marins, les phoques et toutes les espèces marines contribuent au système de maintien de la vie qu'est l'océan.

Nous, non. C'est là le problème.

NOUS DEVONS METTRE UN TERME À TOUTES LES OPÉRATIONS DE PÊCHE INDUSTRIELLE

Pour que les océans se repeuplent,
nous devons arrêter de puiser dedans.

Sept milliards d'humains ne doivent plus continuer à dévorer l'océan.

Les pêcheries durables n'existent pas.

Toutes les subventions gouvernementales aux industries halieutiques doivent être interrompues.

Les poissons ne peuvent survivre
aux assauts incessants des supers chalutiers, des palangriers, des filets dérivants et maillants, des senneurs et des prélèvements pour les aquariums.

NOUS DEVONS LAISSER LES POISSONS SE RÉTABLIR.

RECONSTITUER LES POPULATIONS DE BALEINES, DE PHOQUES ET D'OISEAUX MARINS

Pendant des millions d'années, les relations entre les espèces marines ont profité à chacune d'entre elles.

Les populations de cétacés, de pinnipèdes et d'oiseaux étaient bien plus importantes ; pourtant, les poissons ne manquaient pas.

Pourquoi ?
Parce que les animaux marins recyclent les nutriments. Les baleines remontent des profondeurs du fer et de l'azote qui viennent nourrir le phytoplancton. Les nutriments proviennent des matières fécales et des corps en décomposition. Les oiseaux marins fertilisent les forêts côtières.

DEPUIS 1950, ENTRE 40 % ET 50 % DU PHYTOPLANCTON DES OCÉANS A DISPARU.

Le phytoplancton est la base de la vie sur cette planète, il produit plus de la moitié de l'oxygène.

Plus de baleines = plus de phytoplancton
Plus de phytoplancton = plus de zooplancton
Plus de zooplancton = plus de poissons
Plus de gens = moins de vie dans l'océan

RESPONSABILITÉ

Nous devons arrêter de rejeter
la faute sur les autres.

La surpopulation
et la surconsommation constituent
la principale cause de perte
de biodiversité.

Plus d'êtres humains implique
moins de tout le reste ; c'est la loi
des ressources limitées.

L'expression « développement durable » ne
signifie qu'une seule chose dans un monde
dominé par 7,5 milliards d'êtres humains.
Elle signifie : « business comme d'habitude ».

C'est un concept inventé pour nous
déculpabiliser face à l'appauvrissement
continu de la planète.

POPULATION

1700 : **700 millions**
1900 : **1,5 milliard**
1950 : **2,5 milliards**
1999 : **6 milliards**
2010 : **7 milliards**
2015 : **7,5 milliards**

Nombre de naissances par jour : **390 000**
Nombre de décès par jour : **153 000**
Augmentation quotidienne : **237 000**

La population humaine augmente d'un milliard par décennie depuis 1980.

AUGMENTATION DE LA POPULATION HUMAINE
+ AUGMENTATION DE LA CONSOMMATION DES RESSOURCES
= APPAUVRISSEMENT DE LA PLANÈTE.

Une croissance exponentielle mène à un appauvrissement.

Un appauvrissement conduit à un effondrement.

Un effondrement des écosystèmes est une très mauvaise nouvelle pour la planète et l'humanité.

"La réalité, c'est ce qui ne disparaît pas quand on arrête d'y croire."
Philip K. Dick.

TROUVER UNE SOLUTION
AUX PROBLÈMES DE POPULATION EST IMPÉRATIF

La question de la croissance exponentielle est la plus importante de toutes.

C'est la cause principale du changement climatique, de la pollution, de la disparition d'espèces, de la diminution des ressources, de la pauvreté et des guerres.

La croissance exponentielle de la population humaine sera la cause de l'effondrement des écosystèmes et des sociétés humaines. Cet effondrement est en cours.

Le genre humain a besoin de solutions éthiques pour réduire intelligemment, ou au moins stabiliser la croissance de la population.

AUCUNE SOLUTION POUR RÉSOUDRE LE CHANGEMENT CLIMATIQUE NE PEUT IGNORER LA CROISSANCE EXPONENTIELLE DE LA POPULATION.

Tout le monde a-t-il le droit d'avoir un enfant ? Ou ce droit doit-il reposer sur la notion de responsabilité ? Sur la capacité à élever et à éduquer cet enfant et, plus important encore, sur la capacité à l'aimer ?

LE MONDE NE PEUT SE PERMETTRE DE PORTER DAVANTAGE D'ENFANTS NON DÉSIRÉS, SANS ÉDUCATION ET SANS AMOUR.

Sur ce point plus que sur n'importe quelle autre menace qui pèse sur notre futur, le monde a besoin d'une gouvernance et de citoyens avisés.

NOUS AVONS BESOIN DE NOUVEAUX SYSTÈMES ÉCONOMIQUES RÉVOLUTIONNAIRES

Tous les systèmes économiques
du monde reposent sur la croissance.
Plus de monde signifie plus de profit.

La consommation croissante des ressources doit être découragée. Nous n'avons tout simplement pas besoin de la majorité des biens qui sont produits aujourd'hui.

Un nombre croissant d'êtres humains implique une production accrue des biens de consommation, ce qui signifie un épuisement accru des ressources.

Ce qui signifie des guerres, de la pauvreté et des maladies pour ceux qui possèdent peu, du stress et des maladies pour ceux qui possèdent plus.

Un système économique fondé sur le consumérisme est destructeur pour la planète et le genre humain.

NOUS DEVONS METTRE EN PLACE UNE ÉCONOMIE VERTE.

LES SOLUTIONS

Cesser le transport de matières premières autour du globe.

Tout, du minerai de fer aux fleurs, en passant par les fruits, les légumes ou les bouteilles d'eau, absolument tout est transporté sur des milliers de kilomètres, ce qui consomme de grandes quantités d'énergie et de ressources.

Les communautés doivent devenir autosuffisantes.

PRODUIRE LOCAL. MANGER LOCAL.
JUGULER LES EXCÈS DU CONSUMÉRISME.

Les Boliviens ne parviennent plus à se procurer un de leurs aliments de base, le quinoa. Soucieux de leur santé, les Occidentaux achètent la totalité de leurs récoltes.

L'eau en bouteille requiert des centaines de millions de pièces de plastique transportées sur des milliers de kilomètres jusqu'aux consommateurs.

En 1965 l'eau était gratuite.
Bientôt, l'eau coûtera plus cher que l'essence.

NOUS NOUS SOMMES ADAPTÉS
À LA DÉGRADATION DE NOTRE PLANÈTE.

NOUS DEVONS ARRÊTER DE NOUS ADAPTER À LA DÉGRADATION DE LA TERRE

Ce dont dépendait autrefois notre survie
nous met aujourd'hui en danger.
Nous nous résignons à l'appauvrissement
des ressources et nous oublions
comment étaient les choses par le passé.

De l'eau en bouteille bientôt plus chère
que l'essence – c'était impensable
il y a une génération.

Quand une espèce de poisson disparaît, nous passons
à la suivante sans une pensée pour cette perte.

La liste des espèces menacées et disparues
s'allonge chaque année.

Alors que nous considérions auparavant
avec horreur l'extinction d'une espèce,
nous nous contentons aujourd'hui de hausser
les épaules et de passer à autre chose.

BIENTÔT, NOUS NE POURRONS PLUS PASSER À AUTRE CHOSE.

L'AVENIR

Imaginez le monde en 2100.
Qui voudrait y vivre ?
Voudriez-vous que vos enfants y vivent ?

2020 : **8 milliards d'habitants**
2025 : **mort des récifs coralliens**
2035 : **effondrement total des pêcheries**
2040 : **10 milliards d'habitants**
2050 : **hausse de 4 °C de la température mondiale**

Hausse du niveau de la mer.
Des écosystèmes radicalement endommagés.
Apparition de nouvelles maladies.
Augmentation de la pauvreté et de la faim.
Plus de guerres pour l'appropriation des ressources.
Plus de conflits mondiaux.
Réduction des niveaux d'oxygène.
Pollution généralisée.
Restrictions des libertés.

Détérioration profonde de la qualité de vie.

AVANT 2100 : EFFONDREMENT ÉCOLOGIQUE.

LE CONTINUUM

Nous sommes ce que nous sommes
grâce à tout ce qui nous a précédés
et le futur sera ce qu'il sera à cause
de ce que nous faisons aujourd'hui.

LE FUTUR NOUS CONDAMNERA-T-IL ?

“Avant de prendre une décision,
nous devons évaluer
les conséquences de nos actes
sur les sept prochaines générations.»

Proverbe iroquois

D'AUTRES SOLUTIONS IMPOPULAIRES

ARRÊTONS DE FABRIQUER DES PRODUITS EN PLASTIQUE INUTILES.

Les millions de tonnes de plastique
qui dérivent dans l'océan tuent la vie marine.

Il s'y accumule depuis 1950.

La majorité provient de produits jetables superflus.

Nous devons proscrire tous les produits jetables
en plastique.

Nous devons produire du plastique biodégradable.

Nous devons nettoyer la Terre
de tout le plastique que nous avons jeté.

Nous devons arrêter de gaspiller
une ressource limitée comme le pétrole
pour produire des biens jetables en plastique.

Nous devons faire preuve de bon sens
avec le plastique.

UNE SOLUTION MAJEURE
AU PROBLÈME DE RÉCHAUFFEMENT CLIMATIQUE

UN RÉGIME MONDIAL VÉGÉTARIEN.

Ce que nous mangeons et ce que nous évitons de manger a plus d'impact sur le monde que quoi que ce soit d'autre.

La loi des ressources limitées implique que la planète ne puisse supporter 7,5 milliards d'humains omnivores.

EST-CE TELLEMENT INSENSÉ ?
Mieux vaut passer pour un fou que d'être insensé sur le plan écologique.

L'HUMANITÉ PEUT SURVIVRE EN ÉTANT VÉGÉTARIENNE.
Nous ne pouvons pas survivre en épuisant les écosystèmes pour produire de la viande et en pêchant tous les poissons des océans.

ARRÊTER DE MANGER DE LA VIANDE ET DU POISSON

L'INDUSTRIE DE LA VIANDE PRODUIT PLUS DE GAZ À EFFET DE SERRE QUE L'ENSEMBLE DU SECTEUR DES TRANSPORTS.

L'industrie de la viande est le plus gros consommateur d'eau de la planète.

L'industrie de la viande est la principale source de pollution des nappes phréatiques.

L'industrie de la viande est la principale responsable de zones mortes dans les océans.

L'industrie de la viande est la principale cause de déforestation dans le monde.

L'industrie de la viande consomme environ 40 % de la biomasse extraite des océans.

L'industrie de la viande est la principale cause de problèmes sanitaires.

CELA VAUT-IL LA PEINE DE TUER LA PLANÈTE POUR UN HAMBURGER ?
(produire 1 hamburger = consommer 600 litres d'eau)

PEU DE GENS SONT PRÊTS À ENTENDRE CETTE SOLUTION.

LES SOLUTIONS LIÉES AU TRANSPORT

Moins de transport des ressources.

Plus de transport par voilier.

Élimination des véhicules individuels.

Remplacement des avions de fret par des zeppelins.

Usage intensifié des vélos.

Plus de transports publics fonctionnant aux énergies alternatives.

Production de carburants renouvelables.

Dans l'idéal, le monde devrait s'organiser en petits villages de 20000 à 50000 habitants connectés à un réseau de communication mondial et à un système de transports efficace reliant entre elles chaque communauté. Celles-ci seraient séparées par des zones naturelles conçues pour rétablir la biodiversité.

ABOLIR L'ARMÉE

Rien ne symbolise mieux la folie sur le plan écologique que les opérations destructrices du secteur militaire.

TOP 15 DES BUDGETS MILITAIRES EN 2015

1. États-Unis : 610 milliards de dollars
2. Chine : 216 milliards de dollars
3. Russie : 84 milliards de dollars
4. Arabie saoudite : 81 milliards de dollars
5. Royaume-Uni : 61 milliards de dollars
6. France : 53 milliards de dollars
7. Inde : 50 milliards de dollars
8. Japon : 48 milliards de dollars
9. Allemagne : 46 milliards de dollars
10. Corée du Nord : 36 milliards de dollars
11. Brésil : 32 milliards de dollars
12. Italie : 31 milliards de dollars
13. Australie : 25 milliards de dollars
14. Israël : 23 milliards de dollars
15. Émirats arabes unis : 23 milliards de dollars

Total : 1419 milliards de dollars

QU'EST-CE QUE LA GUERRE APPORTE DE BON ?
ABSOLUMENT RIEN.

ABOLIR LES BUDGETS MILITAIRES

Cela permettrait de fournir un toit et de subvenir aux besoins en nourriture, en eau potable et en soins médicaux de chaque être humain sur la planète.

Cela permettrait d'éradiquer la plupart des causes de terrorisme, de piraterie, de braconnage, de violence domestique, de trafic humain, de pauvreté et des crimes.

L'armée pourrait être remplacée par un corps de la paix composé d'ingénieurs, de médecins, de dentistes, d'infirmiers, d'enseignants et de bâtisseurs.

LA PREUVE LA PLUS FLAGRANTE DE LA FOLIE DE L'HOMME EST NOTRE HISTOIRE MILITAIRE VIOLENTE ET DESTRUCTRICE.

LA FOLIE
DE L'HUMANITÉ MODERNE

Nous devons mettre un terme à la folie
dans un monde où la religion alimente la violence,
où les universités engendrent l'ignorance,
où les médecins détériorent notre santé, où les médias
manipulent la vérité, où les banques appauvrissent
le monde, où les politiciens manquent de courage
pour diriger et où les législateurs discréditent
la justice avec des lois qui les arrangent.

Nous avons besoin d'un monde où les universités explorent et délivrent un savoir, où les médecins cherchent à guérir et non à s'enrichir, où les banques contribuent à un monde meilleur, où les avocats et les politiciens représentent la justice.

Nous avons besoin de dirigeants courageux qui n'ont pas peur de dire les choses telles qu'elles sont.

"Si la tendance actuelle continuait, ce siècle pourrait être témoin de changements climatiques inédits et d'une destruction sans précédent des écosystèmes, avec de graves conséquences pour nous tous."
Extrait de l'encyclique du pape François - 18 juin 2015

LA SIXIÈME EXTINCTION
LA GRANDE EXTINCTION DE L'ANTHROPOCÈNE

Les solutions décrites ici peuvent sembler irréalistes, inacceptables, irrationnelles, détestables, folles et excentriques, ridicules et irréalisables.

Mais, à moins que l'humanité ne soit prête à mettre en œuvre des solutions radicales pour répondre à la réalité de l'appauvrissement et de l'effondrement écologiques, nos sociétés ne survivront pas jusqu'en 2100.

La première loi de l'évolution est :
S'ADAPTER OU MOURIR.

SI LES OCÉANS MEURENT, NOUS MOURRONS.

SI LES HERBES MEURENT, NOUS MOURRONS.

SI LES FORÊTS MEURENT, NOUS MOURRONS.

SI LES VERS MEURENT, NOUS MOURRONS.

SI LES ABEILLES MEURENT, NOUS MOURRONS.

SI NOUS N'ESSAYONS PAS, NOUS MOURRONS !

LE CHANGEMENT CLIMATIQUE EST UNE RÉALITÉ
ET IL AURA UNE INFLUENCE SUR CHACUNE DE NOS VIES,
MAIS, PLUS IMPORTANT ENCORE,
IL VA RAVAGER LA VIE DE NOS ENFANTS.

LES CLIMATO-SCEPTIQUES
NOUS TRAITENT DE CASSANDRES ALARMISTES ET PESSIMISTES.

MAIS ILS OUBLIENT QUE
CASSANDRE AVAIT RAISON !

SI ELLE ÉTAIT MAUDITE,
C'EST PARCE QUE PERSONNE NE LA CROYAIT.

L'HUMANITÉ A FRANCHI LA LIGNE DE TOLÉRANCE ÉCOLOGIQUE

COP21/CMP11 PARIS 2015

NOTRE DERNIÈRE CHANCE POUR TROUVER UNE SOLUTION

LA DERNIÈRE CHANCE DE PRENDRE LES CHOSES EN MAINS

LA DERNIÈRE CHANCE DE L'HUMANITÉ

"Pour la première fois dans l'histoire, il y a un enjeu qui vaut pour tout le monde, il nous est possible de collaborer comme une famille naufragée dans l'univers infini. C'est notre moment de vérité. La seule chose que nous recyclons facilement, ce sont les mots et les discours ; les mêmes qui tournent en boucle depuis 25 ans."

Nicolas Hulot

Envoyé spécial du président de la République pour la protection de la planète

LA SITUATION

Le changement climatique est mondial.
Parler du changement climatique
est impopulaire.
S'occuper du changement climatique
coûte cher.
Les gens ne veulent pas changer.
Les puissants ont une situation
trop confortable.
Les pauvres n'ont aucun pouvoir.
Les riches veulent rester riches.
Les pauvres veulent devenir riches.
Les dirigeants du monde manquent de courage,
d'imagination et de perspective.

**LE DERNIER RECOURS, C'EST NOUS.
CHACUN DE NOUS, ENSEMBLE.**

C'est ce que nous mangeons, comment nous vivons,
comment nous voyageons, ce en quoi nous croyons,
ce que nous soutenons.

NOTRE IMAGINATION, NOTRE COURAGE, NOTRE PASSION. NOTRE AVENIR.

"Nous aurions probablement pu nous sauver, mais
nous étions trop paresseux et trop minables."
Kurt Vonnegut

Né en 1950, le Canadien **Paul Watson** a consacré sa vie à la protection de la vie marine. Cofondateur de la fondation Greenpeace en 1972 et de Greenpeace International en 1979, il fonde Sea Shepherd en 1977 après avoir quitté Greenpeace. Reconnu comme l'un des plus grands héros écologistes du XXe siècle par *Time Magazine*, le capitaine Paul Watson est aussi considéré comme un pirate ou un « écoterroriste » par certains. Sur la liste rouge d'Interpol pour ses actions anti-braconnage, Paul Watson est exilé en France. Il a fait l'objet d'un livre signé Lamya Essemlali et publié chez Glénat en 2012 : *Capitaine Paul Watson, entretien avec un pirate*. Il est également l'auteur d'*Earthforce, manuel de l'éco-guerrier* (Acte Sud, 2015).

Achevé d'imprimer en Espagne en décembre 2015 par Liberduplex